Inhalt

Branchenreport BAU & IMMOBILIEN Ausgabe 2/2011

Kernthesen

Beitrag

Zahlen und Fakten

Weiterführende Literatur

Impressum

GENIOS BranchenWissen Nr. 11 vom 25.11.2011

Branchenreport BAU & IMMOBILIEN Ausgabe 2/2011

Thomas Trares

Kernthesen

- Die Bauwirtschaft kann in diesem Jahr deutlich zulegen.
- Wachstumstreiber Nummer eins ist der Wohnungsbau.
- Immobilien sind derzeit als sicherer Hafen gefragt.
- Derweil rollt auf die Immobilienunternehmen eine riesige Refinanzierungswelle zu.
- Auf den großen internationalen Bau- und Immobilienmärkten ist derzeit kaum mit Wachstum zu rechnen.

Beitrag

Die Bauwirtschaft

Die Baukonjunktur ist in diesem Jahr wieder angesprungen. Nach einem Rückgang von einem Prozent im vergangenen Jahr dürfte der Umsatz im Bauhauptgewerbe 2011 um sieben Prozent auf knapp 88 Milliarden Euro zulegen. Die Zahl der Beschäftigten soll um 2,5 Prozent auf 734 000 steigen. Ein Grund dafür ist die Belebung des Wohnungsbaus, der voraussichtlich um zwölf Prozent wachsen wird. Gründe dafür sind die zuletzt gute Konjunktur, das niedrige Zinsniveau sowie das wieder erwachte Interesse an Wohnungseigentum. Stark entwickelt sich auch der Wirtschaftsbau, dem ein Plus von neun Prozent vorausgesagt wird. Hier macht sich die relativ robuste Verfassung des Verarbeitenden Gewerbes bemerkbar. Beim öffentlichen Bau ist der Zuwachs mit einem Prozent vergleichsweise gering. Für 2012 ist die Bauwirtschaft mit ihrer Prognose so unsicher wie selten zuvor. Grund ist die sich abschwächende Weltkonjunktur, die Krise des Bankensektors und die Staatsschulden in Euroland. (1), (2), [Abb. 1]

Die Immobilienwirtschaft

Die Immobilienwirtschaft in Deutschland bietet weiter ein gemischtes Bild. Wegen der Krise rund um den Euro ist die Nachfrage nach Wohn- und Gewerbeimmobilien anhaltend hoch. Vor allem Objekte in Top-Lagen sind gefragt. Die Investitionen in Gewerbeimmobilien legten in den ersten neun Monaten 2011 um 27 Prozent auf 17,7 Milliarden Euro zu. Für das Gesamtjahr wird ein Wert von 22 Milliarden Euro prognostiziert. Gesucht waren vor allem Einzelhandelsimmobilien, insbesondere Shoppingcenter. Dennoch zeigt sich die Branche verunsichert. Der monatlich erhobene King Sturge Immobilienkonjunktur-Index, der die Stimmung in der Immobilienwirtschaft misst, ist zuletzt zweimal in Folge deutlich gefallen. (9), (10)

Die deutschen Baukonzerne

Der größte deutsche Baukonzern **Hochtief** ist in diesem Jahr in unruhiges Fahrwasser geraten. Noch am Ende des dritten Quartals hatte Hochtief dank der wieder erstarkten australischen Tochter Leighton eine Erhöhung der Jahresprognose angekündigt. Nun aber könnte die Griechenland-Krise dem Konzern die Bilanz verhageln, denn der angekündigte Verkauf der

Flughafenbeteiligungen verzögert sich. Die Bieter sorgen sich vor allem um die Zukunft des Flughafens Athen. Deswegen droht Hochtief nun ein Jahresverlust von rund 100 Millionen Euro. In den ersten neun Monaten fiel ein Verlust von 57 Millionen Euro an. Der Umsatz kletterte im gleichen Zeitraum um 10,9 Prozent auf 15,7 Milliarden Euro. Für 2012 gab Hochtief eine unsichere Prognose ab. (6)

Dem zweitgrößten deutschen Baukonzern **Bilfinger Berger** hat der neue Vorstandsvorsitzende Roland Koch einen Wachstumsplan verordnet. Demnach soll sich der Gewinn in den kommenden fünf Jahren verdoppeln. Bei der Leistung peilt der Konzern einen Wert zwischen elf Milliarden und zwölf Milliarden Euro an. Das wären 50 Prozent mehr als heute. Im Fokus stehen dabei die Märkte in Asien. In den ersten neun Monaten erhöhte Bilfinger Berger die Leistung gegenüber dem Vorjahr um fünf Prozent auf 6,25 Milliarden Euro. Der Überschuss stieg um 61 Prozent auf 324 Millionen Euro, dazu trug unter anderem der Verkauf des Australiengeschäfts bei. Im dritten Quartal hat Bilfinger Berger jedoch schon die Anzeichen einer schwächeren Konjunktur zu spüren bekommen. (4)

Dem größten deutschen Baustoffkonzern **HeidelbergCement** haben zuletzt gestiegene Energie- und Rohstoffkosten zugesetzt. Obwohl der Umsatz im dritten Quartal 2011 um 6,6 Prozent auf

3,6 Milliarden Euro zulegte, schrumpfte der Konzernüberschuss um knapp 17 Prozent auf 268 Millionen Euro. Der Vorstand hält unverändert an dem Ziel fest, den Umsatz und das operative Ergebnis im Jahr 2011 im Vergleich zum Vorjahr zu steigern. Nach neun Monaten lag HeidelbergCement mit einem operativen Ergebnis von 1,06 Milliarden Euro knapp über dem Vorjahreswert von 1,05 Milliarden Euro. Der Umsatz hingegen kletterte um 7,9 Prozent auf 9,6 Milliarden Euro. Beim Abbau des Schuldenbergs von rund 8,5 Milliarden Euro kam der Konzern nicht so schnell voran wie erhofft. (7)

Dyckerhoff, der zweitgrößte deutsche Baustoffkonzern, hat derweil von der robusten Nachfrage in Deutschland und Osteuropa profitiert. Der Umsatz stieg in den ersten neun Monaten 2011 um 14 Prozent auf 1,2 Milliarden Euro. Dass das operative Ergebnis seit Jahresbeginn sogar um 29 Prozent auf 231 Millionen Euro gewachsen ist, verdankt der Konzern vor allem seiner restriktiven Investitionspolitik. An der Zurückhaltung dürfte sich trotz der soliden Auftragslage so schnell nichts ändern. Sorgenkind im Konzern ist der US-Markt, wo Absatz und Umsatz abermals schrumpften. (8)

Immobiliengesellschaften, Immobilienfinanzierer und

Immobilienmakler

Die Immobiliengesellschaften bieten ein gemischtes Bild. So braucht der Immobilienhändler **Patrizia** ein starkes viertes Quartal, um seine Jahresziele zu erreichen. Nach den ersten neun Monaten lag der operative Vorsteuergewinn bei 5,5 Millionen Euro. Die Prognose steht aber bei 16 Millionen bis 17 Millionen Euro. Der Immobilienkonzern **TAG** profitierte hingegen von der Übernahme der Colonia Real Estate. Dadurch verdreifachte sich in den ersten neun Monaten das Ergebnis vor Steuern auf 53,4 Millionen Euro. Ferner schrieb die Immobiliengesellschaft **IVG** im dritten Quartal 2011 zwar wieder schwarzen Zahlen, wird im Gesamtjahr aber dennoch einen Verlust ausweisen. Im September hatte sich der Konzern die Finanzierung für das Prestigeobjekt "The Squaire" am Frankfurter Flughafen über 500 Millionen Euro bis Ende 2013 gesichert. (11), (12)

Die größten privaten Wohnungsvermieter hierzulande sind die **Deutsche Annington** und **Gagfah**. Hinter beiden Firmen stehen Finanzinvestoren - bei der Annington die britische Terra Firma, bei Gagfah die US-Gesellschaft Fortress. Beide Unternehmen sitzen auf hohen Schuldenbergen. Doch die Geschäfte laufen vollkommen unterschiedlich. Bei der Annington kletterte das operative Ergebnis in den ersten neun

Monaten um sechs Prozent auf 151 Millionen Euro, bei der Gagfah fiel es hingegen um 14 Prozent auf 110,7 Millionen Euro. Rätselraten gibt es um die JK Wohnbau. Nach dem Börsengang Ende 2010 gab es kein Lebenszeichen mehr von dem Münchner Immobilienunternehmen. Weder gibt es bislang einen Abschluss für 2010 noch einen Quartals- und Halbjahresbericht für 2011. (13), (14)

Nach dem Kollaps der Hypo Real Estate (HRE) ist die Commerzbank-Tochter **Eurohypo** der größte Immobilienfinanzierer in Deutschland. Die Commerzbank hat ihrer Tochter nun einen Neugeschäftsstopp verordnet. Mit der "Sofortmaßnahme" will die Commerzbank schneller ihre Risikoaktiva abbauen. Im dritten Quartal hatte die Bank erneut hohe Abschreibungen auf griechische Staatspapiere, die im Wesentlichen auf den Büchern der Eurohypo liegen, vorgenommen. Offenbar denkt die Commerzbank sogar über eine Aufspaltung der Eurohypo nach. Dass diese die größte deutsche Immobilienbank ist, liegt auch daran, dass sich keiner der Wettbewerber auf Wachstumskurs befindet. Von den großen Anbietern konnten in den ersten neun Monaten 2011 nur die LBB zusammen mit der Tochter Berlin Hyp sowie die HypoVereinsbank ihre Kreditbestände ausbauen. Derweil setzen immer mehr Immobilienbanken auf Neugeschäft in Deutschland. Ausnahmen sind die

Aareal Bank und die DekaBank. (15), (16), [Abb. 2]

Bei den Immobilienmaklern war die Entwicklung zuletzt gespalten. Während es bei den Gewerbeimmobilien hakte, lief es bei den Wohnungsmaklern recht gut. Größter Makler in Deutschland ist die **Sparkassen-Finanzgruppe**. Mit Wohnimmobilien hat diese im vergangenen Jahr 278 Millionen Euro erlöst. Dass **Engel & Völkers** den Status als größter Makler verloren hat, liegt daran, dass die einzelnen Maklergesellschaften der Sparkassen erstmals zusammen erfasst wurden. Engel & Völkers kommt dennoch bei den Wohnimmobilien auf einen Umsatz von 77 Millionen Euro. Marktführer unter den Gewerbeimmobilienmaklern ist **BNP Paribas Real Estate** (ehemals Atisreal) mit einem Umsatz von 67 Millionen Euro, dicht gefolgt von **Jones Lang LaSalle** mit 64 Millionen Euro. (17)

Die internationale Bau- und Immobilienbranche

Global betrachtet sind guter Nachrichten vom Immobilienmarkt derzeit dünn gesät. Fast drei Jahre nach dem Ausbruch der Finanzkrise fallen die Hauspreise in den USA immer noch. Auch in Europa leidet die Bauwirtschaft. Für 2012 erwartet das europäische Bauforschungsnetzwerk Euroconstruct einen Rückgang der Bauproduktion um 0,3 Prozent. Das wäre seit 2008 das fünfte Jahr in Folge mit einem Minus. Besonders in Portugal, Spanien, Großbritannien und Irland ächzt der Bau unter der Wirtschaftskrise, mit Ausnahme von Polen ist derzeit auch Osteuropa kein Wachstumsmarkt. In Skandinavien ist indes eine Erholung spürbar. (3), (5)

Die größten europäischen Baukonzerne kommen mit **Vinci** und **Bouygues** aus Frankreich. Trotz schlechter Stimmung in der Branche hat Vinci seine Prognose für 2011 nach oben korrigiert. Beim Umsatz rechnet man mit einem Plus von sieben Prozent beim Gewinn von fünf bis sechs Prozent. Die Gesellschaft erzielt allerdings mehr Gewinn mit Mautstraßen als im klassischen Baugeschäft. Auch **Bouygues** hat zuletzt seine Umsatzplanung für das Gesamtjahr 2011 um drei Prozent auf 32,3 Milliarden Euro nach oben korrigiert. Stark sind die Baukonzerne traditionell auch in Spanien. Der dortige Marktführer **ACS** hat im Sommer die deutsche Hochtief übernommen. Darüber hinaus zählen Ferrovial und FCC zu den größten Konzernen Europas. (20), (21), [Abb. 3]

Keimzelle der Finanzkrise war der US-Immobilienmarkt, wo der Preisverfall bereits 2007 einsetzte. Bis heute ist noch keine grundlegende Trendwende in Sicht. Die Transaktionen haben sich vergangenes Jahr im Vergleich zu 2009 zwar verdoppelt, erreichten aber nur ein Viertel der

Umsätze von 2007. Zudem gibt es seit Mitte 2011 erneut Stagnation bei Objektkäufen und -verkäufen. Die Mieten bei Büroimmobilien stabilisieren sich - von wenigen Ausnahmen abgesehen - auf niedrigem Niveau. Mietsteigerungen sind in New York, Washington und San Francisco zu beobachten. In China dagegen droht der Markt zu überhitzen. Der Internationale Währungsfonds hatte zuletzt vor dem Platzen einer Immobilienblase gewarnt. (22)

Trends

Risiko Refinanzierung?

Die deutschen Immobilienunternehmen schieben riesige Refinanzierungsberge vor sich her. Allein die großen börsennotierten Konzerne müssen bis 2013 Darlehen über fast acht Milliarden Euro neu verhandeln. Dazu kommen nicht gelistete Großunternehmen wie der nordrhein-westfälische LEG-Konzern und die Deutsche Annington. Letztere muss in den kommenden knapp zwei Jahren verbriefte Kredite von rund 4,7 Milliarden Euro refinanzieren. Deswegen hat Moody's im September die Bonität für die Annington herabgestuft. Die Ratingagentur fürchtet, dass das auslaufende Kreditvolumen immer mehr zu einem Problem wird.

Immobilienexperten gehen aber trotz der heranrollenden Refinanzierungswelle nicht davon aus, dass es zu Insolvenzen in größerem Umfang kommt. (19)

"Fette Jahre" beim deutschen Bau?

Global betrachtet sind guter Nachrichten vom Immobilienmarkt derzeit dünn gesät. Die Märkte in den USA, aber auch in Spanien oder Irland stecken nach wie vor in der Krise fest. In vielen Ländern ist der stockende Wohnungsbau das größte Wachstumshemmnis. Deutschland entwickelt sich jedoch gegen den Trend. Hier könnte sich der Wohnungsbau zu einer Hauptantriebskraft für die gesamte Wirtschaft avancieren. In diesem Jahr dürfte der Umsatz im Bauhauptgewerbe um sieben Prozent steigen, das wäre doppelt so schnell wie im Rest der Wirtschaft. Der Berliner Wirtschaftsprofessor Sebastian Dullien geht nun davon aus, dass der Aufschwung auf dem Bau sich selbst nährt. Er verweist auf historische Erfahrungen, wonach Immobilienzyklen in der Regel über lange Zeiträume hinweg verlaufen. Da Deutschlands Bau- und Immobilienwirtschaft gerade erst eine 15-jährige Schwächephase hinter sich hat, sieht Dullien gute Chancen, dass der Bau nun "vor fetten Jahren" steht. (3)

Zahlen & Fakten

Abbildung 1: Umsatz und Beschäftigte im Bauhauptgewerbe 2007 - 2011

Jahr	Umsatz in Milliarden Euro	Beschäftigte
2007	80,7	714.000
2008	85,6	705.000
2009	82,3	705.000
2010	81,9	710.000
2011*	88	734.000

*Prognose Quelle: Hauptverband der Deutschen Bauindustrie, eigene Berechnungen Entnommen aus: Frankfurter Allgemeine Zeitung, 21.10.2011, Nr. 245, S. 21 (18)

Abbildung 2: Die größten deutschen Immobilienfinanzierer

Stand 30.06.2011	Kreditbestand in Milliarden Euro	Neugeschäft in Milliarden Euro

Eurohypo	67	1,3
Helaba	32,2	2,9
Berlin Hyp/LBB	27,1	2,2
PBB	25	1,6
Aareal Bank	22,6	1,7
LBBW	21	k.A.
Deutsche Hypo/NordLB	20	1,6
Bayern LB	19	k.A.
Postbank	16,7	k.A.
HypoVereinsbank	15	1,3

k.A. = keine Angaben Quelle: Unternehmen Entnommen aus: Immobilien Zeitung Nr. 41 vom 13.10.2011 Seite 6 (15)

Abbildung 3: Größte Bauunternehmen in Europa

Unternehmen	Umsatz 2010 in Milliarden Euro
Vinci (F)	33,4
Bouygues (F)	31,2
Hochtief (D)	20,2
ACS-Gruppe (E)	15,4
Eiffage (F)	13,6
Skanska (S)	12,8
Strabag (A)	12,8

Balfour Bearry (GB)	12,3
Ferrovial (E)	12,1
FCC (E)	12,1

Quelle: Deloitte Entnommen aus: Frankfurter Allgemeine Zeitung, 21.10.2011, Nr. 245, S. 21 (18)

Weiterführende Literatur

(1) Bauindustrie hebt Prognose kräftig an Umsatz wächst um "mindestens" 7 Prozent - Normalisierung bei PPP-Projekten - Finanzierung bleibt öffentlich
aus Börsen-Zeitung, 06.10.2011, Nummer 192, Seite 10

(2) Bauindustrie wächst langsam, aber stetig
aus VDI NR. 43 VOM 28.10.2011 SEITE 9

(3) Zahl-Tag Sebastian Dullien erklärt, warum ausgerechnet die Bauindustrie das Fundament für Deutschlands Aufschwung legt
aus Capital vom 21.07.2011, Seite 18

(4) Bilfinger will wachsen
aus Darmstädter Echo, 16.11.2011

(5) Europas Bauwirtschaft rechnet 2012 mit erneutem Rückgang - Studie
aus APA Nachrichten vom 2011-11-16 , 11:10:28

(6) Hochtief drohen rote Zahlen
aus Darmstädter Echo, 15.11.2011

(7) Gewinn von Heidelberg Cement auf Talfahrt
aus Handelsblatt online vom 03.11.2011

(8) Dyckerhoff zögert mit Investitionen
aus Frankfurter Allgemeine Zeitung, 08.11.2011, Nr. 260, S. 14

(9) Konjunktursorgen, aber keine Rezessionsangst Auf der Expo Real zeigt sich die Immobilienbranche für 2011 zuversichtlich, ist jedoch mit Prognosen vorsichtig. Kredite könnten wieder knapp werden
aus Financial Times Deutschland vom 06.10.2011, Seite 22

(10) Eurokrise schlägt Immobilienwirtschaft aufs Gemüt
aus Financial Times Deutschland vom 06.10.2011, Seite 22

(11) IVG erreicht Kreditverlängerung
aus Frankfurter Allgemeine Zeitung, 12.11.2011, Nr. 264, S. 18

(12) Die 66-Prozent-Gelegenheit AKTIE Patrizia hat gute Aussichten, die ambitionierten Gewinnziele zu erreichen. Mit der Ausweitung des Geschäfts auf Serviceleistungen wollen die Augsburger kräftig wachsen. Die Aktie ist derzeit günstig bewertet
aus Börse online vom 18.08.2011, Seite 43

(13) Annington top - Gagfah ein Flop - Die Geschäfte der beiden größten privaten Wohnungsvermieter laufen sehr unterschiedlich.
aus Börse online vom 18.08.2011, Seite 43

(14) Erst klingeln, dann kneifen AKTIE Nach dem Börsengang Ende 2010 ist es still geworden um das Münchner Immobilienunternehmen JK Wohnbau - gespenstisch still. Weil es immer noch keinen Abschluss für 2010 gibt, läuten die Alarmglocken
aus Börse online vom 06.10.2011, Seite 40

(15) Eurohypo trotz Schrumpfkurs der Primus
aus Immobilien Zeitung Nr. 41 vom 13.10.2011 Seite 6

(16) Eurohypo stellt Neugeschäft ein
aus Immobilien Zeitung Nr. 45 vom 10.11.2011 Seite 6

(17) Makler verzeichnen steigende Umsätze
aus Frankfurter Allgemeine Zeitung, 09.09.2011, Nr. 210, S. 43

(18) Sehnsucht nach neuen Großprojekten
aus Frankfurter Allgemeine Zeitung, 21.10.2011, Nr. 245, S. 21

(19) Banken halten zähneknirschend still Refinanzierungsdruck bei Immobilienunternehmen steigt - Gläubiger der Deutschen Annington müssen länger auf ihr Geld warten
aus Börsen-Zeitung, 29.09.2011, Nummer 188, Seite 9

(20) Vinci erhöht Dividende Auftragsbuch prall gefüllt

Französischer Baukonzern erwartet mehr Gewinn
aus Börsen-Zeitung, 31.08.2011, Nummer 167, Seite 13

(21) Bouygues gibt Neun-Monats-Ergebnis bekannt,
Umsatzprognose angehoben
aus Börsen-Zeitung, 31.08.2011, Nummer 167, Seite 13

(22) "Amerika wird seine Krise lösen" Der Kommentar
... zum US-Immobilienmarkt Christoph Kahl Chef des
Fondsanbieters Jamestown und erfolgreichster
europäischer Immobilieninvestor in den USA
aus EURO, 16.11.2011, Nr. 12, S. 110

Impressum

Branchenreport BAU & IMMOBILIEN Ausgabe 2/2011

Bibliografische Information der deutschen Nationalbibliothek

Die Deutsche Nationalbibliothek verzeichnet diese Publikation in der deutschen Nationalbibliografie; detaillierte bibliografische Daten sind im Internet über http://dnb.d-nb.de abrufbar.

ISBN: 978-3-7379-1862-6

© 2015 GBI-Genios Deutsche Wirtschaftsdatenbank GmbH, Freischützstraße 96, 81927 München, www.genios.de

Alle Rechte vorbehalten. Dieses Werk ist einschließlich aller seiner Teile – z.B. Texte, Tabellen und Grafiken - urheberrechtlich geschützt. Jede Verwertung außerhalb der Grenzen des Urheberrechtsgesetzes bedarf der vorherigen Zustimmung des Verlags. Dies gilt insbesondere auch für auszugsweise Nachdrucke, fotomechanische Vervielfältigungen (Fotokopie/Mikroskopie), Übersetzungen, Auswertungen durch Datenbanken oder ähnliche Einrichtungen und die Einspeicherung und Verarbeitung in elektronischen Systemen.